Sportmarketing. Merchandising und Sponsoring im Zeitalter der Digitalisierung

Tobias Kraatz

Bibliografische Information der Deutschen Nationalbibliothek:

Die Deutsche Nationalbibliothek verzeichnet diese Publikation in der Deutschen Nationalbibliografie; detaillierte bibliografische Daten sind im Internet über http://dnb.d-nb.de abrufbar.

ISBN: 9783346577160
Dieses Buch ist auch als E-Book erhältlich.

Druck und Bindung: Books on Demand GmbH, Norderstedt Germany
Gedruckt auf säurefreiem Papier aus verantwortungsvollen Quellen

Das vorliegende Werk wurde sorgfältig erarbeitet. Dennoch übernehmen Autoren und Verlag für die Richtigkeit von Angaben, Hinweisen, Links und Ratschlägen sowie eventuelle Druckfehler keine Haftung.

Das Buch bei GRIN: https://www.grin.com/document/1167038

Einsendeaufgabe

Fachmodul: Sportmarketing

Studiengang: Bachelor of Arts Sportökonomie

Name, Vorname: Kraatz, Tobias

Studienort: **Stuttgart**

Inhaltsverzeichnis

1 SWOT-Analyse

Im Folgenden wird für die TSG 1899 Hoffenheim eine SWOT-Analyse durchgeführt. Dabei werden Stärken (Strengths), Schwächen (Weaknesses), Chancen (Opportunities) und Risiken (Risks) des Sportclubs erarbeitet und dargestellt. Bei der SWOT-Analyse handelt es sich um eine Positionierungsanalyse, bei der die Aktivitäten des eigenen Unternehmens gegenüber dem Wettbewerb dargestellt werden (Springer Fachmedien Wiesbaden Gmbh, 2018).

1.1 Ressourcenanalyse

Anfangs wird eine gegenwärtige Ressourcenanalyse durchgeführt. Dabei werden die Stärken und Schwächen des Vereins, anhand eines Vergleiches mit Konkurrenten, ermittelt, um Strategien zur Verbesserung zu entwickeln (vgl. Freyer, 2018, S.314). Zu den größten Stärken der TSG 1899 Hoffenheim zählt ihr aktueller Cheftrainer Julian Nagelsmann. Er selbst ist bereits seit 2010 bei dem Verein und leitete bis Anfang 2016 die U-19 Mannschaft. Mit ihr konnte er zwei Mal in Folge in das Meisterschaftsfinale einziehen und gewann in der Saison 2013/2014 die Meisterschaft. Im Anschluss daran begann er im März 2016 als Cheftrainer bei der ersten Mannschaft (vgl. Achtzehn99, 2018). In seinem ersten Jahr als Cheftrainer konnte sich Hoffenheim sogar für die Europa League qualifizieren und spielt dieses Jahr, aufgrund der Vorjahresplatzierung in der Bundesliga, erstmals in der UEFA Champions League. Die Person Julian Nagelsmann schafft durch den sportlichen Erfolg und die fast schon außergewöhnliche Geschichte eine positive Wahrnehmung der TSG und beschert dem Verein eine starke Medienpräsenz.

Doch nicht nur der Trainer ist für den Erfolg des Vereins verantwortlich, sondern auch die exzellente Jugendarbeit. In der vereinsinternen Akademie werden die Nachwuchstalente sowohl sportlich als auch schulisch gefördert. Dabei sollen sie vor allem eine starke Persönlichkeit entwickeln. Dementsprechend ist es kaum verwunderlich, dass Talente wie Niklas Süle (FC Bayern) und Roberto Firmino (FC Liverpool) einmal in der Jugend der TSG Hoffenheim gespielt haben. Als letzte Stärke der TSG ist wohl der bereits angesprochene sportliche Erfolg zu sehen. Sie sind nun seit 2 Jahren im internationalen

Fußball angekommen und spielen in ihrem Champions League Debütjahr gegen internationale Größen wie Manchester City oder Olympique Lyon.

Regionale Konkurrenten, wie beispielsweise der VFB Stuttgart, der seinen letzten internationalen Auftritt vor 5 Jahren hatte, können diesbezüglich nicht mithalten. Diese Aufmerksamkeit beschert der TSG höhere Medieneinnahmen, Medienpräsenz und Gewinne. Ähnlich wie die größte Schwäche des Bundesligisten, ist auch die größte Stärke personenbezogen. Die Rede ist von dem Großinvestor Dietmar Hopp, ohne den die TSG Hoffenheim den Sprung in die Erstklassigkeit nicht geschafft hätte. Der Investor hat in den vergangenen 20 Jahren eine enorm hohe Geldsumme in den Verein investiert und besitzt seit dem 1. Juli 2015 die Mehrheit der Stimmanteile an der TSG (vgl. Achtzehn99, 2014). Aufgrund dessen besteht eine starke Abhängigkeit des Vereins von seinem Investor. Des Weiteren ist die fehlende Vereinstradition eine deutliche Schwäche des Clubs. Aufgrund der kurzen Historie im Fußballbereich und dem rasanten Aufstieg in die Bundesliga, hatte der Verein keine Chance eine Tradition zu entwickeln. Zuletzt hat der Verein durch diese Faktoren mit einem negativen Image in der Bundesliga zu kämpfen. Ähnlich wie das Werksclub-Image bei Bayer Leverkusen und VFL Wolfsburg sorgt die Entwicklung der TSG für Antipathie bei Fans und Verantwortlichen anderer Bundesligisten (vgl. Hirte, 2009, S.21). Durch die Anfeindungen wird das Image immer weiter geschädigt und wirft auf die TSG Hoffenheim ein sehr schlechtes Licht.

1.2 Analyse der Unternehmensumwelt

Im Anschluss wird die Unternehmensumwelt analysiert. Bei dieser Analyse werden Umfeldbedingungen wie Chancen und Risiken erfasst und gegenübergestellt (vgl. Freyer, 2018, S.312). Dabei werden ebenfalls Unternehmensstrategien entwickelt. Eine Chance der TSG 1899 Hoffenheim ist der Präsenz im internationalen Profifußball. Seit der Saison 2016/2017 ist der Verein als Marke auf der internationalen Bühne vertreten und spielen dieses Jahr zum ersten mal in der Champions League. Sollten sie die Qualifikation für den internationalen Wettbewerb in den kommenden Jahren wiederholen und zusätzlich noch die K.O.-Spiele erreichen, können sie mit steigenden Einnahmen und Prämien rechnen. Ein weiterer Aspekt ist die Steigerung der Bekanntheit des Vereins bei (inter-)nationalen Fußballspielern und -fans. Zum einen hat die TSG dadurch die Chance, eine höhere Anzahl an Merchandisingartikeln und Stadiontickets zu verkaufen. Zum anderen könnte das Profifußballer zu einem Wechsel bewegen. Des Weiteren besteht bei der TSG 1899 Hoffenheim durch den sportlichen Erfolg die Chance, neue Sponsoren anzulocken. Demnach steigt bei den großen Unternehmen das Interesse, mit dem Verein im B2B-Bereich zu kooperieren. Infolge werden die Einnahmen durch Sponsoring bei der TSG anwachsen.

Allerdings gibt es auch Risiken. Durch das Erscheinen auf internationaler Ebene kann es sein, dass Leistungsspieler wie Kramaric (Vize-Weltmeister), bei einer schlechten Platzierung der Mannschaft, Kontakt zu anderen Vereinen aufnehmen, um zu wechseln. Das würde zur Folge haben, dass die TSG wichtige Führungsspieler verliert und im schlimmsten Fall nicht ersetzen kann. Ein weiteres Risiko ist die demographische Entwicklung in Deutschland. Denn bei einer älter werdenden Gesellschaft wird es schwieriger, sowohl junges qualifiziertes Personal für Arbeitsplätze als auch junge Leistungsspieler für die Jugendakademie zu finden. Zuletzt sind das steigende Einkommen und der hohe Standard der Mannschaften auf (inter-)nationaler Ebene als Risiko zu betrachten. Um professionelle Spieler, Trainer und Angestellte zu verpflichten, müssen Vereine wie die TSG 1899 Hoffenheim immer höhere Beträge und Kosten ausgeben.

1.3 SWOT-Matrix

Tabelle 1: SWOT-Matrix

SWOT-Analyse	Chancen (Opportunities): - nationaler Erfolg => internationale Präsenz - Bekanntheit =>steigender Verkauf, Interesse von Spielern - Sponsoringpartner => Sponsorengelder	Risiken (Risks): - Abgang von Spielern => sinkendes Niveau - Demographischer Wandel - hoher Standard und hohes Einkommen => steigende Ausgaben
Stärken (Strengths): - Trainer Julian Nagelsmann - Nachwuchsakademie - sportlicher Erfolg	S-O-Strategien: - Bindung von neuen Führungsspielern - Partner / Sponsoren gewinnen und binden	S-T-Strategien: - Akademie / Nachwuchsarbeit stetig verbessern, um neue Talente zu gewinnen - frühzeitige Bindung von Jugendspielern
Schwächen (Weaknesses): - Investor Dietmar Hopp	W-O-Strategien:	W-T-Strategien:

- Traditionsarm	- Werben mit dem sportlichen Er-	- Image durch Modernisierungs-
- Negatives Image	folg und Bekanntheit	arbeiten verbessern
	- Image verbessern => Mitglieder	- Ausbau der Vereinsgeländes
	gewinnen	und Stadion für Fans

S-O-Strategie:

Durch den nationalen Erfolg und die Anteilnahme am internationalen Spielgeschehen ist die TSG 1899 Hoffenheim für Profispieler interessanter geworden. Demnach sollten im Zuge der ersten S-O-Strategie potenzielle Führungsspieler über einen möglichst langen Zeitraum unter Vertrag genommen werden, um den Erfolg in den kommenden Jahren beizubehalten. Gleichzeitig wird der Verein wegen seines langjährigen Bestehens auf der internationalen Bühne für weitere Unternehmen und Sponsoren relevant. Demnach können neue Partner gewonnen werden, die den Verein finanziell unterstützen und im Gegenzug beworben werden. Allerdings sollten auch bereits bestehende Partnerschaften weiterhin gepflegt werden, um die Bindung zueinander zu fördern.

W-O-Strategie:

Die TSG 1899 Hoffenheim hat schnell sportlichen Erfolg erreicht und hatte demnach in der kurzen Historie nicht genug Zeit für die Entwicklung einer starken vereinsbezogenen Tradition. Aufgrund dieser Tatsache müssen sie, bis sich eine Tradition entwickelt hat, ihren Fokus auf ihre wachsende Bekanntheit und den sportlichen Erfolg setzen. Damit garantieren sie bereits bestehenden und künftigen Sponsoren eine starke Vertretung im internationalen Wettbewerb. Außerdem ist eine weitere Strategie, das Image des Vereins zu verbessern. Damit soll die Marke „TSG 1899 Hoffenheim" beliebter gemacht werden, um neue Mitglieder zu gewinnen. Das kann der Verein durch eine gute Öffentlichkeitsarbeit und Medienpräsenz erreichen.

S-T-Strategie:

Um den potenziellen Abgang von talentierten (Jugend-)Spielern schnellstmöglich entgegenzuwirken, sollte sich der Verein darauf konzentrieren, neue Talente unter Vertrag zu nehmen. Dabei sollte vor allem die Nachwuchsarbeit stetig verbessert werden, damit der Verein bei den Jugendspielern Aufmerksamkeit erweckt. Zusätzlich kann mit den Erfolgen im Jugendbereich in eigener Sache Werbung für die Jugendarbeit gemacht werden. Zudem sollten die Spieler mithilfe von langjährigen Verträgen dazu bewegt werden, sich lange an den Verein zu binden. Um aus einem potenziellen Wechsel Profit zu schlagen, könnte man zusätzlich die Verträge mit einer hohen Aufstiegsklausel versehen. Dementsprechend kann man bei den Jugendspielern auf der einen Seite die Loyalität erhöhen und

6

sie somit lange in dem Verein halten oder auf der anderen Seite aus den Verkäufen Profit erwirtschaften und das Geld in die Akademie investieren.

<u>W-T-Strategie:</u>

Um das Vereinsimage zu verbessern und im direkten Duell mit dem regionalen Konkurrenten VFB Stuttgart zu gewinnen, müssen auf dem Vereinsgelände Modernisierungsarbeiten erfolgen. Demnach können zum Beispiel sowohl das Stadion als auch das Vereinsgelände ausgebaut werden und die Räumlichkeiten modernisiert werden. Somit hat man im Vergleich zum VFB Stuttgart bessere Trainings- und Arbeitsvoraussetzungen geschaffen. Des Weiteren können diverse Maßnahmen, wie eine Erweiterung des Angebots bezüglich Sportarten und Zielgruppen, den Verein attraktiver machen. Gleichzeitig wird mit dem Ausbau des Stadions nicht nur das Image aufgewertet, sondern auch mehr Platz für Fans geschaffen. Durch diese Erweiterung werden potentiell mehr Fußball- und Sportbegeisterte angelockt.

2 Merchandising und Licensing

2.1 Wer

Im Zuge der geplanten Merchandisingaktion wird das Geschäftsmodell der Auslagerung betrieblicher Teilfunktionen ausgewählt. Da ein früheres Merchandisingprojekt, welches in kompletter Eigenregie geführt wurde, aufgrund von fehlender Fachkompetenz und Erfahrung keinen Umsatz erwirtschaften konnte, wird nun ein Drittanbieter beauftragt. Dabei handelt es sich um ein Ausstattungs- bzw. Textil-Unternehmen, welches Sportartikel und Sportkleidung produziert. Das Unternehmen übernimmt die Produktion und Lieferung der Produkte. Der Volleyballverein konzentriert sich auf die Vermarktung bzw. den Verkauf des Sortiments.

2.2 Was

Tabelle 2: Merchandisingsortiment

Artikel	Architektur	Produktbezug	Planungsbezug
Polo-Shirt für Erwachsene	Kann im Alltag oder beim Sport angezogen werden; für Sportler und Fans	Primärer Bezug zum Spielgeschehen; Shirt mit den Vereinsfarben rot-blau, Logo auf der linken Brust mit den Gründungsdaten	Saisonunabhängige Planung; Unspezifischer Druck
Polo Shirt für Kinder und Jugendliche	Kann im Alltag oder beim Sport angezogen werden; für junge Sportler und Fans; geeignet für die Schul-AGs	Primärer Bezug zum Spielgeschehen; Shirt mit den Vereinsfarben rot-blau, Logo auf der linken Brust mit den Gründungsdaten; Zusatz: Schriftzug „Youngsters"	Saisonunabhängige Planung; Unspezifischer Druck
Jubiläums-Shirt	Kann im Alltag oder beim Sport angezogen werden; für (frühere) Sportler, Fans und Mitarbeiter	Primärer Bezug zum Spielgeschehen; Erstes Vereinslogo mit den Gründungsdaten; Zahl „30" auf dem Rücken positioniert	Aktionsspezifische Planung; Jubiläum (30 Jahre); Limitierte Auflage
Jubiläums-Jacke	Kann im Alltag oder beim Sport angezogen werden; für (frühere) Sportler, Fans und Mitarbeiter	Primärer Bezug zum Spielgeschehen; Erstes Vereinslogo mit den Gründungsdaten; Zahl „30" auf dem Rücken positioniert	Aktionsspezifische Planung; Jubiläum (30 Jahre); Limitierte Auflage
Vereinsschal	Kann für Veranstaltungen und Spiele verwendet werden; für (frühere) Sportler, Fans und Mitarbeiter	Primärer Bezug zum Stadiongeschehen; Gründungsdaten an beiden Enden; Logo und Vereinsname im Zentrum	Saisonunabhängige Planung; Unspezifischer Druck
Verstellbare Cap	Kann im Alltag oder beim Sport angezogen werden; für Sportler und Fans jeden Alters	Primärer Bezug zum Spielgeschehen; Gründungsdaten und Logo zentral positioniert	Saisonunabhängige Planung; Unspezifischer Druck

2.3 Wem

Der Volleyballverein ist mit seinen insgesamt 8 Mannschaften sowohl im Breiten- als auch im Leistungssport aktiv. Durch das Mitwirken in 2 unterschiedlichen Leistungsbereichen ist der Verein für Freizeit- und Leistungssportler attraktiv. Zudem beschreibt sich der Verein selbst als sportlich, freundlich und familiär. Das sind alles Attribute, mit denen sich die junge und alte Bevölkerung identifizieren kann. Außerdem besitzt der Verein Kooperationen mit Schul-AGs und versucht somit explizit der jüngeren Bevölkerung den Volleyballsport näherzubringen.

Dementsprechend hat der Verein für sein Merchandisingsortiment eine Zielgruppe von jung bis alt.

2.4 Bedingungen

Im Rahmen der Planung von Merchandising-Maßnahmen wurde mit dem Ausstattungs- und Textil-Unternehmen die Preisstruktur des Merchandisingsortiments besprochen. Für das Sortiment werden die Preise anhand der Premiumpreispolitik bestimmt, da die Artikel nicht nur eine exzellente Qualität vorzuweisen haben, sondern auch teilweise stark limitiert sind. Bereits bestehende Mitglieder und Mitarbeiter des Vereins bekommen bei den Produkten einen Preisnachlass von 15%.

Tabelle 3: Preisübersicht

Sportartikel	Polo-Shirt Erwachsene	Polo-Shirt Kinder	Jubiläums-Shirt	Jubiläums-Jacke	Schal	Cap
Verkaufspreis normal	49,99€	49,99€	59,99€	59,99€	19,99€	29,99€
Verkaufspreis Mitglieder	42,49€	42,49€	50,99€	50,99€	16,99€	25,49€

2.5 Kanäle

Die Vermarktung und den Verkauf übernimmt der Volleyballverein alleine. Somit wird das Merchandisingsortiment in Eigenregie bei Vereinsfesten, Spieltagen, Turnieren und Veranstaltungen verkauft. Es wird vor Ort in der Sporthalle, im Außenbereich und im Gastronomiebereich erhältlich sein. Diese Maßnahmen dienen dem Verein zur Kaufförderung und als Werbe- bzw. Streumittel (vgl. Freyer, 2018, S. 491).

2.6 Begleitmaßnahmen

Um den Erfolg des Merchandisingkonzepts zu steigern, will der Verein Öffentlichkeitsarbeit leisten. Dadurch sollen langfristige Beziehungen mit Kunden etabliert werden, die auf Vertrauen und Verständnis basieren (vgl. Nufer & Bühler, 2015, S.13). Diesbezüglich konzentriert er sich auf die drei effizientesten Kommunikationswege, die ihm zur Verfügung stehen. Es werden auf dem ganzen Trainingsgelände und im Gastrobereich Werbeaufsteller platziert. Zusätzlich aufgestellte Werbebanner bei Veranstaltungen sollen ergänzend auf das Sortiment aufmerksam machen. Des Weiteren werden die Mitarbeiter mit den Polo- und Jubiläums-Shirts ausgestattet, die während der Arbeitszeit getragen werden, um somit den direkten Kontakt zwischen Artikel und potenziellem Kunden zu schaffen. Zuletzt wird über einen lokalen Radiosender auf das Jubiläum des Vereins aufmerksam gemacht. Dabei wird zweimal täglich eine kurze Audiosequenz mit allen relevanten Informationen abgespielt.

2.7 Zeitraum

Die Vermarktung und Werbung für das Merchandising beginnt zwei Wochen vor dem eigentlichen Verkaufsstart. Vereinsmitglieder, Fans und Sportbegeisterte werden mit Werbung bezüglich der Kollektion versorgt, um das Interesse zu wecken.
Als Verkaufsstart wird der 1. Spieltag der Jubiläums-Saison gewählt. Daraufhin hat man bis zum Saisonende Zeit, sich einen Artikel aus dem Sortiment zu sichern. Allerdings sind die Jubiläums-Artikel stark limitiert und werden nicht nachproduziert.

3 Digitalisierung

3.1 Vorstellung des Vereins

Tabelle 4: Vorstellung des Vereins

Vereinsangebot	American Football; Jugend- und leistungsorientiert
Mitgliederzahl	780
Anzahl bezahlter Mitarbeiter	41
Anzahl ehrenamtlicher Mitarbeiter	93

3.2 Zielgruppen und Marketingziele

Primäre Zielgruppe der App sollen die Vereinsmitglieder sein. Durch den direkten Informationsaustausch untereinander und mit bereitstehenden Ansprechpartnern soll die Loyalität zum Verein erhöht werden. Auf längere Sicht sollen sich so die Mitglieder mit dem Verein identifizieren können und ihm somit über einen möglichst langen Zeitraum erhalten bleiben. Dadurch steigt sowohl der Verkauf von Merchandisingartikeln als auch die Bindung durch langfristige Mitgliedschaften.

Doch nicht nur die Mitglieder sollen von der App profitieren, sondern auch die Fans. Durch einen Newsletter in der App, sollen Fans und Mitglieder regelmäßig auf dem Laufenden gehalten werden. Die Anhänger haben außerdem die Möglichkeit, über eine Chat- und Gruppenfunktion miteinander zu kommunizieren. Dort besteht die Möglichkeit, dass die Fans beispielsweise für Auswärtsspiele Fahrgemeinschaften bilden können. Dadurch sollen viele Fans zu Heim-/Auswärtsspielen erscheinen, um möglichst viele Tickets zu verkaufen. Zusätzlich sollen, durch die Entwicklung eines guten Vereinsimages, Interessenten und neue Fans gewonnen werden.

3.3 Themen und Mehrwert

Tabelle 5: Funktionen der App

Themen	Mehrwert für den Kunden	Mehrwert für den User
Kommunikationsbasis	Vereinsinterner Austausch	Kommunikation mit Mitgliedern, Fans und Ansprechpartnern
Vereinsinformationen und News	Weitergabe von Informationen an Mitglieder / Fans	Informationen über Vereinsentwicklung, Spielplan, und vieles mehr
Liveticker	Direkte Weitergabe aktueller Informationen	Verfolgung des aktuellen Spielgeschehens
Werbeplattform	Ausgewählten Football-Partnern eine Werbefläche bieten	Informationsbeschaffung über beispielsweise Ausstatter

3.4 Chancen und Risiken

Chancen:

Durch die Einführung der App haben Mitglieder und Fans sowohl von Zuhause als auch von unterwegs die Chance, miteinander kommunizieren. Das Alter spielt dabei keine Rolle. Die durchgehende Kommunikation soll dazu führen, dass die vereinsinterne Bindung gesteigert wird.

Desweitern soll durch die ständige Informationsweitergabe und Optimierung der App erreicht werden, dass der Stellenwert des Vereins bei allen Beteiligten steigt. Man erhofft sich, dass die User ihren Bekannten bzw. Familienangehörigen davon erzählen und dadurch neue Mitglieder gewonnen werden.

Risiken:

Es kann passieren, dass sich unerfahrene Mitarbeiter mit der App beschäftigen und schlichtweg nicht wissen, welche Aufgaben sie erledigen müssen. Daraufhin werden Informationen nicht sorgfältig eingegeben und Teilbereiche der App werden nicht aktualisiert. Das führt zu Unzufriedenheit der User mit einer möglichen Deinstallation der App als Konsequenz.

Ein weiteres Risiko ist der Umgang mit den vertraulichen Daten (E-Mail, usw.), die für die Registrierung angegeben werden müssen. Ein Verstoß gegen die Datenschutzrichtlinien kann für den Verein weitreichende Konsequenzen haben.

3.5 Erhöhung von Bekanntheitsgrad und Usern

Um den Bekanntheitsgrad und die Anzahl der User zu steigern, können die Nutzer darauf aufmerksam gemacht werden, die App ihren Bekannten und Familienangehörigen zu empfehlen. Um den Usern einen Ansporn zu geben, besteht die Möglichkeit unter allen erfolgreichen Werbern Freikarten für das nächste Heimspiel zu verlosen.

Außerdem können die Mitarbeiter die Mitglieder durch Mundpropaganda auf dem Vereinsgelände über die App informieren. Dabei sollten vor allem Merkmale wie der Liveticker oder der Newsletter thematisiert werden.

Des Weiteren wird die Vereins-App bei Veranstaltungen (z.B. Heimspiele) durch Banner und Plakate beworben, um die Popularität bei der Fangemeinde zu erhöhen. Man hat vor Ort durch einen vorhandenen WLAN-Zugang die Möglichkeit, die App direkt herunterzuladen.

Zuletzt kann man in der lokalen Zeitung ein Artikel über die neue App des Vereins verfassen. Dort sollten generelle Informationen über den Verein und dessen App stehen.

4 Sponsoring

Tabelle 6: Beschreibung des Unternehmens

Unternehmen	RunWarrior GmbH
Produktpalette	Laufschuhe, Sportklamotten, Energy Cakes
Zielgruppen	Leistungs- / Freizeitsportler, Unternehmen und Sponsoren
Distributionskanäle	Onlineshop, Fitnessstudios, Sportfachhändler
Bisherige Kommunikationsinstrumente	Flyer-Aktion, Stand in der Stadt, Onlinewerbung, Sportveranstaltungen

Die RunWarrior GmbH ist an einem Sponsorship des diesjährigen Laufevents in Baden-Württemberg interessiert. Das Wirtschaftsunternehmen, welches es nun seit ca. 15 Jahren gibt, ist für seine hochwertigen Laufschuhe und Sportkleidung bekannt. Außerdem enthält die Produktpalette seit rund einem Jahr Energy Cakes für Ausdauersportler.

Die Zielgruppen des Unternehmens sind in erster Linie alle Leistungs- und Freizeitsportler im Ausdauerbereich. Allerdings hat das Unternehmen auch eine Sportklamottenkollektion für Fitness- bzw. Kraftsportler. Dabei gehören nicht nur Sportler, sondern auch andere sportorientierte Unternehmen und Sponsoren zu den Zielgruppen der RunWarrior Gmbh. Es wird versucht, durch neue Kooperationspartner den Bekanntheitsgrad des Unternehmens zu steigern.

Tabelle 7: Phasenstruktur des Sponsoringprozesses

Festlegung der Ziele	- Kunden- /Sponsorenbindung erhöhen
	=> Markenemotionalisierung
	- Bekanntheit / Image steigern
Schnittmengenanalyse der Zielgruppen	- Teilnehmer auf dem Laufevent
	- Ausdauersportler jeglichen Alters
	(unabhängig vom Leistungsstand)
Konkrete Sponsoring-Einzelmaßnahmen	- großer Stand auf der Läufermesse mit
	zum Verkauf bereitstehenden Produkten
	- Sponsoring der Tore am Start und Ziel
	- Energy Cake, Flyer und Logo auf dem
	Laufshirt als Teil der Give-aways
	- Getränkestand jeweils an der 5km, 11km
	und 17km Marke
	- ausgewählte Mitarbeiteranzahl läuft mit
	angefertigten Werbeshirts mit
Erfolgskontrolle	- Umsatz auf der Messe, inklusive
	Vorher-Nachher Vergleich
	- geknüpfte Kontakte
	- Aufrufe der Website / des Online-Shops

Im Verlauf des Sponsoringprozesses werden aus der Sicht des Unternehmens psychologische Zielgrößen festgelegt. Dazu gehören alle Ziele, die zur Kundenbindung und -zufriedenheit beitragen (vgl. Bruhn, 2010, S.77). Dementsprechend will die RunWarrior GmbH während dem Laufevent bzw. der Laufmesse eine hohe Kunden- / Sponsorenbindung schaffen. Das wird durch das Schaffen einer unverwechselbaren Identität der Marke erreicht. Die Veranstaltung soll demnach zur Markenemotionalisierung dienen. Außerdem will das Unternehmen durch das Sponsoring eine hohe Markenpräsenz vor Ort erreichen. Läufer, Zuschauer, Mitwirkende und andere Sponsoren sollen die Marke bewusst wahrnehmen und eine Verbindung (RunWarrior – Laufevent) aufbauen. Dadurch erhofft sich das Unternehmen einen steigenden Bekanntheitsgrad.

Nach der vorgenommenen Analyse der Zielgrößen in Tabelle 6 erfolgt nun der Abgleich mit den Zielgruppen der Veranstaltung. Anhand dessen kann man sehen, dass eine große Übereinstimmung vorliegt. Im Grunde zählt jeder Laufteilnehmer und Zuschauer (unabhängig vom Alter und Geschlecht) zur gemeinsamen Schnittmenge.

Als eine Sponsoring-Einzelmaßnahme wird dem Unternehmen auf der Läufermesse ein großer Messestand mit genügend Platz zur Verfügung stehen. Dort werden die verschiedenen Produkte vorgestellt und verkauft. Doch nicht nur bei der Messe, sondern auch bei dem eigentlichen Laufevent ist das Unternehmen vertreten. Jeder Läufer erhält am Vortag, bei der Abholung seiner Teilnehmerunterlagen, Give-aways von der RunWarrior GmbH. Das Paket enthält zwei Energy Cakes in unterschiedlichen Geschmacksrichtungen, Flyer mit der Unternehmensphilosophie und ein speziell angefertigtes Laufshirt. Am Tag des Laufevents ist das Unternehmen sowohl am Start als auch am Ziel vertreten. Denn auf den Toren werden das Logo und der Name zu sehen sein. Somit wird die Marke von jedem Läufer wahrgenommen und von Presseleuten erfasst.

Auf der Laufstrecke ist die Marke in Form von Bannern und Getränkeständen präsent. Bei der Getränkeausgabe erhält jeder Läufer einen kleinen Pappbecher, auf dem der „RunWarrior"-Schriftzug abgebildet ist. Da einige Mitarbeiter des Unternehmens selbst Ausdauersportler sind, wurde beschlossen, dass diese die Möglichkeit erhalten, bei dem Laufevent teilzunehmen. Sie wurden vorab mit speziellen Werbeshirts ausgestattet und unter die anderen Teilnehmer gemischt. Aufgrund dessen wird von dem Unternehmen während der Veranstaltung fokussiertes Sport-Sponsoring betrieben. Das Unternehmen erhofft sich dadurch deutliche Erfolge in den oben genannten Marketingzielen (vgl. Freyer, 2018, S.567 f.).

Nach dem Event wird eine umfangreiche Erfolgskontrolle durchgeführt. Zu dieser zählt unter anderem der gemachte Umsatz auf der Messe. Zusätzlich wird der generelle Umsatz vor und nach der Veranstaltung in einem Zeitraum von 2 Monaten betrachtet. Die vorhandene Umsatzsteigerung wird anschließend zur Erfolgskontrolle hinzugezogen. Außerdem werden alle geknüpften Kontakte mit anderen Unternehmen gesammelt und bei der Kontrolle vermerkt. Als letzter Punkt der Erfolgskontrolle werden die Aufrufe der Website und des Online-Shops zusammengetragen und mit der früheren Anzahl verglichen.

5 Literaturverzeichnis

Achtzehn99. (2014). *DFL-Genehmigung – „Dietmar Hopp hat Maßstäbe gesetzt".* Zugriff am 20.10.2018. Verfügbar unter: https://www.achtzehn99.de/newsarchiv-2/newsarchiv-2014/dezember-2014/dfl-genehmigung-dietmar-hopp-hat-massstaebe-gesetzt/

Achtzehn99. (2018). *Julian Nagelsmann.* Zugriff am 21.10.2018. Verfügbar unter: https://www.achtzehn99.de/einzelportraet-de/show/2225

Bruhn, M. (2010). *Sponsoring. Systematische Planung und integrativer Einsatz* (5. Auflage). Wiesbaden: Gabler Verlag.

Freyer, W. (2018). *Sport-Marketing. Modernes Marketing-Management für die Sportwissenschaft* (5. neu bearbeitete Auflage). Berlin: Erich Schmidt Verlag GmbH & Co. KG.

Hirte, J. (2009). *Das Phänomen Hoffenheim- eine Analyse von Konzept und Leistungsvoraussetzungen des Modells 1899 Hoffenheim.* Bachelor-Thesis, Hochschule Mittweida – University of Applied Science. Mittweida.

Nufer, G. & Bühler A. (2015). *Event-Marketing in Sport und Kultur. Konzepte-Fallbeispiele-Trends* (Auflage?). Berlin: Erich Schmidt Verlag GmbH & Co. KG.

Springer Fachmedien Wiesbaden GmbH. (2018). *Gabler Wirtschaftslexikon. Das Wissen der Experten. SWOT-Analyse.* Zugriff am 21.10.2018. Verfügbar unter: https://wirtschaftslexikon.gabler.de/definition/swot-analyse-52664/version-275782

6 Tabellenverzeichnis

BEI GRIN MACHT SICH IHR WISSEN BEZAHLT

- Wir veröffentlichen Ihre Hausarbeit, Bachelor- und Masterarbeit

- Ihr eigenes eBook und Buch - weltweit in allen wichtigen Shops

- Verdienen Sie an jedem Verkauf

Jetzt bei www.GRIN.com hochladen und kostenlos publizieren